AF340022

UNE FUSION

LÉGITIMISTE, ORLÉANISTE ET RÉPUBLICAINE

PARIS

IMPRIMERIE DE L. TINTERLIN ET C°

3, RUE NEUVE-DES-BONS-ENFANTS.

UNE

FUSION

LÉGITIMISTE, ORLÉANISTE ET RÉPUBLICAINE

PAR

E. D'ALTON-SHÉE

ANCIEN PAIR DE FRANCE

ANCIEN PRÉSIDENT DU COMITÉ ÉLECTORAL RÉPUBLICAIN, DÉMOCRATIQUE

ET SOCIALISTE

PARIS

E. DENTU, LIBRAIRE-ÉDITEUR

PALAIS-ROYAL, 17 ET 19, GALERIE D'ORLÉANS

1863

UNE FUSION

LÉGITIMISTE, ORLÉANISTE ET RÉPUBLICAINE

Depuis quelque temps, les mots *liberté, démocratie* sortent de toutes les bouches, se retrouvent sous la plume de tous les écrivains; discours parlementaires, oraisons académiques, sermons, lettres pastorales, brochures de toutes couleurs, MM. Billault, Baroche, Keller, Dupanloup, le prince Albert de Broglie, le comte de Montalembert, les répètent chacun à leur manière : signe évident que les élections sont proches. La détresse de nos ouvriers, les malheurs de la Pologne, rien n'échappe à l'exploitation des partis; avec les haillons de la misère, avec les vêtements ensanglantés des martyrs de l'indépendance, certains essayent de se refaire une popularité perdue par cinq années de campagne en faveur du pouvoir temporel de la Papauté. On déploie toutes les habiletés de la stratégie électorale ; des nuances d'une même opinion se séparent, des couleurs disparates essayent de se confondre, afin de composer une force de plusieurs faiblesses. De tous ces projets, à notre avis, le plus monstrueux est celui d'une fusion légitimiste, orléaniste et républicaine : dans la *Revue des Deux-Mondes* (1), l'un de nos plus habiles écrivains, M. Prévost-Paradol, en a été le révélateur et le soutien ; la critique d'une comédie politique lui a servi de cadre et de prétexte.

L'œuvre de M. Augier, *le Fils de Giboyer*, se défend elle-même, aussi nous contenterons-nous de préciser la signification de son immense succès ; pour en montrer la portée sociale et politique, rappelons que l'auteur, dans sa préface, déclare que le vrai titre de la pièce devait être : *les Cléricaux.*

Le but de l'auteur a donc été de produire sur la scène les ridicules et les vices du parti clérical, de rendre plus saillants les dangers dont il menace la société. Le public a accueilli cette tentative par une chaleureuse approbation, dont l'hostilité de ceux qui étaient mis en cause n'a servi qu'à rehausser l'éclat. Y aurait-il là une méprise de l'opinion, au moins une

______

(1) *Revue des Deux-Mondes* du 1er janvier 1863.

absence de générosité? Le public poursuivrait-il de ses risées un parti vaincu, faible, désarmé? Nous croyons, au contraire, qu'il a applaudi à l'audace de celui qui attaquait un parti nombreux, puissant au Sénat, influent au Corps législatif, en majorité à l'Académie, occupant, même en dehors du clergé, à la Cour, dans l'administration, dans la diplomatie, dans l'armée, les positions les plus élevées ; ayant ses orateurs, prédicateurs, directeurs, ses missionnaires, ses associations, ses journaux, rival heureux de l'Université dans l'enseignement supérieur et secondaire, dominant par les sœurs et les frères de la doctrine chrétienne l'instruction primaire, plus voisin du triomphe qu'il ne l'a été depuis 1815. Ce que nous voyons dans le succès de la comédie c'est un obstacle à l'invasion du parti prêtre, qui, déjà en possession des femmes et des enfants, menaçait de son prosélytisme la portion virile du peuple français, une adresse au gouvernement, déjà signée par plus de trois cent mille spectateurs, d'avoir à résister à de pernicieuses influences.

M. Paradol est contristé de ce résultat inattendu, lui qui admet « qu'avec le temps on peut passer d'une nuance à l'autre ; être indifféremment légitimiste

comme M. Berryer, orléaniste comme M. Thiers, républicain comme le général Cavaignac. » Il ne savait
pas, avant de l'avoir éprouvé, « qu'un coup frappé à
sa droite lui serait aussi sensible qu'un coup porté
à sa gauche, ou l'atteignant lui-même. »

Par suite, il entreprend une apologie du parti légitimiste.

Avant d'apprécier la valeur de cette apologie, en-
tendons-nous d'abord sur les mots : *légitimiste* et
clérical sont-ils synonymes? Tout légitimiste est
clérical ; mais il n'est pas également vrai que le clérical se croie obligé de confesser en tous temps la
légitimité. La raison en est que les cléricaux, plaçant
en première ligne la souveraineté du but, prennent,
suivant l'occasion, les dénominations les plus utiles
pour l'atteindre. Ainsi, sous la Restauration , ils
ne faisaient qu'un.avec les *ultrà ;* sous Louis-Philippe, tandis qu'une partie de l'armée restait fidèle à
la royauté de droit divin, une fraction, répondant
aux avances de la monarchie de juillet, acceptait les
dignités ecclésiastiques et lui vendait un appui pré-
caire, moyennant sa tolérance en faveur de certains
ordres religieux.

Dans son impérieux désir de conciliation, M. Paradol laisse soigneusement dans l'ombre le parti clérical; il jette à la mer, comme trop compromettant, M. Veuillot, qui n'est, après tout, que le continuateur de Joseph de Maistre, de Bonald, du Lamennais auteur de *l'Indifférence*, l'ancien allié de MM. de Montalembert, Falloux, etc., dont la doctrine est celle du Pape, de presque tous les cardinaux et de la majorité du clergé français; c'est l'opinion légitimiste ainsi décapitée qui a nouvellement conquis ses sympathies.

Il chante d'abord les Bourbons donnant à la France les jouissances d'une liberté inconnue, et les légitimistes auteurs des lois libérales de 1810. Il reconnaît que la possession de ces droits précieux « n'a pas toujours été exempte de trouble et que l'on a tenté de les amoindrir; » il admet que ce « gouvernement est tombé par la folie de son chef. Mais quoi de plus injuste », ajoute-t-il aussitôt, « que de rendre le parti légitimiste responsable de cet acte de démence, si court et si tôt puni! » Il fait appel à l'histoire impartiale, et il lui demande « si l'opinion légitimiste, *presque entière*, rangée autour de Chateaubriand et de Royer-Collard, ne déplorait pas et ne condamnait pas cette funeste démarche de la puissance royale aspirant à descendre au niveau des pouvoirs despotiques! » Enfin, dit-il, « depuis ce malheur, qu'il n'a pas dépendu d'elle d'empêcher, l'opinion légitimiste n'est plus aux affaires, et l'on ne peut invoquer contre elle que ses paroles. Pour moi je les écoute depuis dix ans, et quand, par hasard, la voix d'un Berryer s'élève, quand la plume de quelques-uns de ses amis trouve le chemin du public, je n'entends, je ne lis aucun mot qui ne soit plein de respect pour les libertés nationales et pour l'indépendance du citoyen. On reproche à l'opinion légitimiste de professer que tout pouvoir vient de Dieu et ne doit de comptes qu'à Dieu, voilà tout le crime, et j'avoue que je m'épuise à le comprendre. »

C'est, en vérité, compter par trop sur l'indulgence que l'on doit aux bonnes intentions, sur l'innocence et la crédulité des lecteurs, que de sophistiquer à ce point, pour les besoins de sa cause, l'histoire d'un parti politique! On croit rêver à l'entendre attribuer aux Bourbons émigrés rentrant en France, la révélation de la liberté. La tribune était-elle donc muette, la presse esclave de 89 à 92? N'est-ce pas la complicité de ces Bourbons avec l'étranger, leur appel à la guerre civile, qui a commandé la sanglante dictature de la Convention? Depuis la constitution de l'an III, jusqu'au 18 brumaire, la France a-t-elle été en proie à une *furieuse anarchie*, ou n'a-t-elle pas plutôt commencé, au milieu des épreuves de la liberté, à recueillir les fruits de sa glorieuse révolution?

Nous n'insisterons pas pour savoir si la charte apportée par Louis XVIII a été octroyée ou imposée; il l'a jurée et il a tenu son serment. Mais la France était alors divisée en *ultrà* et en libéraux, comme aujourd'hui en révolutionnaires et en contre-révolutionnaires. Le clergé, la chambre introuvable étaient presque exclusivement composés d'ultrà, et pour donner à M. Paradol une idée du degré de latitude laissé au droit de discussion, il nous suffira de rappeler que, le 23 octobre 1815, le député Voyer d'Argenson, ayant fait une allusion timide aux massacres commis deux mois avant, en plein jour, sur les protestants du Midi, fut obligé de quitter la tribune, et, malgré la faiblesse de son désaveu, sur la demande de l'assemblée furieuse, se vit infliger un rappel à l'ordre.

Ce fut un ministère libéral, composé de MM. de Serres, Decazes, de Gouvyon Saint-Cyr, Pasquier, etc., qui présenta et fit adopter, avec l'éloquent concours de Royer-Collard, les lois libérales de 1819. M. de Serres est mort avant 1830, des autres noms que nous avons cités, l'opinion légitimiste n'en peut revendiquer aucun. L'assassinat du duc de Berri ayant entraîné la chute du cabinet, un ministère ultrà, qui avait à sa tête Chateaubriand, Villèle et Corbières, faisait voter un milliard d'indemnité aux émigrés, la guerre anti-libérale d'Espagne, et une nouvelle loi électorale établissant la septennalité.

C'est sur une loi financière, la conversion des rentes, et par des motifs d'animosité personnelle, que Chateaubriand se sépara de M. de Villèle. Brutalement destitué le 6 juin 1824, l'ultrà, subitement transformé, commençait, dans la presse et à la tribune, cette guerre implacable qui en fit un des chefs de l'opposition.

Que dire des fatales ordonnances, représentées par M. Paradol comme un acte isolé de la démence du vieux roi, quand elles n'étaient que la réalisation des plus chers désirs du parti ultrà, et le commencement des exigences, bien autrement difficiles à satisfaire, des cléricaux ? Que des légitimistes aient trouvé inopportunité dans la publication des ordonnances, incapacité dans les mesures prises pour en assurer le succès, nous l'accorderons volontiers; que parmi eux le blâme, après la chute de Charles X, soit devenu général, cette éternelle répétition du *væ victis!* ne peut surprendre personne. Mais dans quelle histoire, impartiale ou non, a-t-il vu que Royer-Collard, et Chateaubriand depuis sa rupture avec Villèle, fussent les chefs du parti légitimiste et clérical? Royer-Collard, monarchique et libéral, philosophe spiritualiste, a été l'objet de leur constante antipathie; quant à Chateaubriand, il fut à leurs yeux un traître et un apostat jusqu'au jour où il écrivit à la duchesse de Berri : « *Madame, votre fils est mon roi.* »

M. Paradol s'épuise à comprendre le crime imputé aux légitimistes de professer que tout pouvoir vient de Dieu et ne doit de comptes qu'à Dieu. Essayons de lui venir en aide. A notre avis, la doctrine politique d'un parti découle forcément de sa foi religieuse ou philosophique : le mouvement philosophique du dix-huitième siècle avait produit la révolution politique de 1789. La croyance que tout pouvoir vient de Dieu est un principe théocratique catholique en contradiction directe avec le principe philosophique

que tout pouvoir vient du Peuple et ne doit de comptes qu'au Peuple. La foi étroitement catholique des ultrà, sous la Restauration, au principe du droit divin, eut pour conséquence de les incorporer au parti prêtre, de les forcer à le suivre dans la guerre déclarée qu'il faisait à la société née de la Révolution, à ses principes, à son organisation politique et civile, à son origine, à ses tendances ; elle devait logiquement les conduire jusqu'au vote de la loi barbare du sacrilége et au rétablissement de l'absolutisme par les ordonnances.

Si du parti nous passons aux hommes qui le représentent dans la presse ou à la tribune, là, plus clairement encore, nous trouvons dans la foi religieuse l'origine des convictions politiques. Pour rendre l'opinion légitimiste sympathique aux libéraux, M. Paradol l'a personnifiée dans M. Berryer ; aucun choix n'eût été plus heureux. L'avocat qui débutait, en 1815, par la défense du maréchal Ney, et qui, il y a quelques mois à peine, soutenait le droit des ouvriers accusés de coalition ; le député qui, pour combattre le remplaçant de son roi légitime, a constamment pris son point d'appui sur la liberté ; l'orateur de génie dont la parole simple et noble a toujours dédaigné d'éblouir par l'emphase ou de plaire par la vulgarité, dont l'émotion contagieuse gagnait les cœurs de ceux-là mêmes que son argumentation n'avait pu persuader; le chef de parti qui n'a jamais connu ni l'envie ni la haine; l'homme aimable et charmant que cinquante ans de succès et d'éloges n'ont pu remplir de son mérite, est certainement l'objet d'une sympathie toute personnelle.

Pourtant, avant de songer à faire de M. Berryer un légitimiste libéral sous la Restauration, qu'il l'interroge et qu'il apprenne de lui s'il n'a pas constamment marché parmi les ultrà, avec M. de Villèle, contre les libéraux; si, en 1830, dans son premier discours à la Chambre, il ne combattait pas, comme ami du ministère Polignac, la célèbre adresse dont M. Royer-Collard, à la tête de l'opposition libérale, était le principal auteur. En vain ses instincts et ses goûts portaient M. Berryer vers la liberté; ses principes, son éducation chez les Pères de l'Oratoire, la force des premières impressions, le ramenaient malgré lui vers la monarchie de Droit divin. Dans notre conviction, né protestant comme M. Guizot, il eût été libéral sous la Restauration, républicain sous Louis-Philippe. Mais, malgré les clartés soudaines dont la

Révolution de Juillet avait illuminé un instant les esprits réfractaires, malgré la proposition à lui faite par Chateaubriand de devenir ensemble les guides de la France républicaine, chez M. Berryer la foi religieuse l'emporta, elle maintint et fortifia la foi politique.

A la suite des trois grandes journées, l'ébranlement avait été si profond, qu'un petit groupe d'hommes appartenant la plupart au clergé, importants par le génie ou le talent, se prit à rêver l'union du catholicisme et de la liberté. Qu'est-il advenu des fondateurs du journal *l'Avenir*; Lamennais, Lacordaire, Montalembert, trois illustres promoteurs de cette chimérique entreprise? Le jour où il fallut opter entre la foi religieuse et la foi politique, Lamennais sacrifia le catholicisme, Montalembert la liberté; Lacordaire, renonçant à la tribune politique, succombant à la tâche, ne réussit qu'à être le plus inconséquent des catholiques et le plus révolutionnaire des académiciens.

M. Paradol, dans son apologie légitimiste, saute brusquement de 1830 à 1852. Pourquoi cette lacune? Y a-t-il eu scission entre les cléricaux et les légitimistes convertis à la liberté? Avant d'examiner avec lui si « le bénéfice de ces dix dernières années a été d'amener un rapprochement entre les légitimismes, les orléanistes et les républicains, » il nous semble prudent de jeter un coup d'œil sur les vingt-deux années qui les ont précédées.

La part des cléricaux avait été si grande, si évidente dans la promulgation des fatales ordonnances, que la religion d'État disparut de la nouvelle charte. La conséquence immédiate devait être la séparation complète de l'Église et de l'État ; au lieu de cela, il y eut une religion de la majorité des Français. Dans ce gouvernement d'équivoque, la *quasi légitimité* s'appuya sur une *quasi religion d'État*. A l'abri de la liberté, légitimistes et cléricaux s'efforcèrent de regagner l'influence perdue : l'état de siége, les lois de septembre, de disjonction, rencontraient en eux d'éloquents adversaires ; la réforme électorale, les nationalités catholiques opprimées par des schismatiques ou des hérétiques, d'intrépides soutiens ; M. Berryer et ses amis à la chambre des députés, MM. Nettement, Genoude, Lourdoueix, Laurentie dans la presse, représentaient l'opinion légitimiste. Plus tard, les cléricaux rencontrèrent dans MM. de Montalembert et Veuillot leur orateur et leur journaliste. Les deux fractions ne différaient que sur un point : tandis que les premiers combattaient à outrance le roi des barricades, les autres n'éprouvaient aucune répugnance à s'en servir dans l'intérêt du parti.

L'avénement de Pie IX, ses réformes administratives et politiques, en rendant praticable en apparence l'accord de la religion et de la liberté, prêtèrent enfin aux cléricaux la popularité si ardemment convoitée. L'inévitable revirement du Pontife, à l'occasion de l'expulsion des jésuites et de la guerre du Sunderbund, n'avait dissipé qu'imparfaitement l'illusion quand éclata la révolution de Février.

A l'égale surprise de ceux qui voulaient la préserver et de ceux qui voulaient l'abattre, la couronne tomba comme, avant d'être mûr, un fruit gâté se détache de l'arbre. Le 24 février, Louis-Philippe abdiquant, la régence écartée, onze citoyens, quelques-uns illustres, étaient nommés membres d'un gouvernement provisoire. Ces onze membres, pris à l'improviste sur tous les points de l'horizon politique, représentaient des forces divergentes qui se neutralisaient : ainsi écartelé, le pouvoir était fatalement dévolu à l'impuissance : autant valait confier les destinées de la France à la rose des vents. Il ne fit qu'une

chose, mais immense, il fonda le suffrage universel, malheureusement il commit la faute capitale d'en retarder de deux mois l'application.

Pendant ce temps, que faisaient les cléricaux? Ils avaient partagé un instant l'effroi général causé par l'avénement de la démocratie; les premiers, ils retrouvèrent leur présence d'esprit. Dès le lendemain de Février, ils inondaient d'eau bénite les arbres de la liberté; à ceux qui avaient la force, ils offraient leur appui, et, en échange, ils obtenaient le rejet de l'article qui dans la constitution nouvelle, prononçait la séparation de l'Église et de l'État.

Tant que régna Louis-Philippe, le catholicisme avait ressemblé à l'un de ces vieux saules qui bordent nos prairies, épais, noueux, ramassé, de sa tête arrondie s'élançait encore un vert feuillage; mais l'intérieur était creux, il ne vivait plus que par l'écorce : l'indifférence, l'habitude, les convenances recouvraient seules d'une écorce catholique la société française.

La république proclamée, les hommes du pays légal, orléanistes aussi bien que légitimistes, commencèrent à comprendre que pour ne pas être engloutis dans l'océan populaire, pour échapper au flot montant de la Révolution et du socialisme, leur plus sûr asile était l'Église, sommet du vieux monde. A défaut de foi, les intérêts et les craintes poussèrent la bourgeoisie vers un catholicisme purement politique; il y eut le fataliste catholique, le protestant, le juif, le philosophe, l'athée catholique. Cléricaux et légitimistes profitèrent avec une extrême habileté de cette terreur salutaire qui venait, si à propos, jeter dans leurs rangs, leurs anciens ennemis de la classe moyenne.

Nous insistons, parce que de cette époque date l'ère des grandes conquêtes du parti clérical, en même temps que la transformation de ses moyens d'action. Après ces terribles journées de Juin où la nation, furieuse, déchirait ses entrailles et tendait ses mains sanglantes à la dictature, avec une merveilleuse intelligence de l'état des esprits, il change son mode de propagande : au lieu de s'épuiser à prêcher la vérité des dogmes, à réfuter Gibbon ou le docteur Strauss, en un mot, au lieu de faire appel à la foi, il parle à chacun le langage de son égoïsme : il entretient ceux qu'il veut gagner, non du salut des âmes, mais de la conservation des biens périssables; non de la peur de l'enfer, mais de la peur du droit au travail : désormais *son royaume est de ce monde*. Voulez-vous, leur dit-il, profiter en paix de la fortune transmise ou amassée, continuer à vivre au milieu des jouissances du luxe ou d'une honnête aisance ? Ayez au moins la piété d'apparence ; exigez surtout qu'on pratique autour de vous. Rien n'échappe à son exploitation ; les craintes du mari, la tendresse superstitieuse et passionnée de la mère, l'avenir de la famille : de la dévotion il fait aux époux une assurance pour la vertu des femmes, il a des chapelets et des médailles pour garantir la vie des enfants, il répond plus tard de leur établissement : il est le grand entrepreneur de mariage ; posté au seuil de toutes les carrières, il décourage ou il soutient, il prône ou met en interdit ; il a ses historiens, ses poëtes, ses avocats, ses médecins, ses banquiers, ses fournisseurs ; il a ses bureaux de placement pour les domestiques, ses associations et ses confréries pour les ouvriers ; enfin, à ceux que le chômage ou la maladie ont réduits à la misère, il dit : Soyez à nous, et vous serez le préférés de l'aumône.

Il a créé la RELIGION DE L'INTÉRÊT ; dès lors ses conversions se comptent par milliers.

Le 10 décembre, les nouveaux alliés votaient tous ensemble contre la république ; le 13 mai, ils s'enten-

daient encore pour introduire dans l'Assemblée législative une majorité cléricale et royaliste ; ils lançaient
les soldats de la république française contre les défenseurs de la république romaine et ramenaient le
Pape au Vatican ; au 13 juin, ils épuraient l'assemblée
législative, et en 1850, plus osés, ils exécutaient
contre le suffrage universel, suivant l'expression si-
gnificative du comte de Montalembert, la *campagne
de Rome à l'intérieur :* c'était le coup mortel ; dès
lors la république n'existait plus que de nom.

Après le supplice de Jésus-Christ, les soldats qui
le gardaient furent forcés de jouer aux dés la tunique
sans couture : les dépouilles de la république étaient
plus difficiles encore à partager. Il y eut brouille entre
les associés.

Le 2 décembre au matin, les membres de la majorité la plus coupable qui ait pesé sur la France, se
rendant à la Chambre et trouvant porte close, pen-
saient enfin à invoquer cette constitution par eux
tant de fois violée : ils encourageaient les assistants
de la voix et du geste, quelques-uns même balbu-
tiaient : Vive l'assemblée !.... On sait le reste.

De la part des cléricaux, le dissentiment dura peu :
M. Veuillot dans *l'Univers*, M. de Montalembert en

acceptant de faire partie de la Commission consultative, apportaient leur adhésion sans réserve à l'Empire. Même sous MM. de Villèle et Polignac, au plus beau temps de la Restauration, jamais les cléricaux n'avaient obtenu d'aussi importantes concessions: leur introduction au Sénat et dans le conseil suprême de l'instruction publique, l'augmentation du salaire des dignitaires ecclésiastiques, les encouragements aux séminaires, aux frères et aux sœurs des écoles, la tolérance absolue des ordres religieux, les dons aux églises, l'autorisation des loteries pieuses, le maintien de l'occupation à Rome, les engagements vis-à-vis de Pie IX ; en récompense, discours, mandements, bénédictions ; ce fut, pendant sept ans, entre l'Empereur et le Catholicisme politique, un échange non interrompu de bons procédés : avec douleur, sans doute, mais avec dignité, les légitimistes s'étaient séparés de leurs anciens alliés. En 1859, le secours apporté par Napoléon III à l'indépendance italienne a mis fin à la scission. Devant le danger dont le pouvoir temporel du Pape était menacé, tous les bienfaits du gouvernement impérial furent oubliés ; à l'exemple de Schwartzemberg, les cléricaux se glorifièrent d'étonner le monde par l'immensité de leur ingratitude. Ce fut bien pis quand, après l'expulsion des grands-ducs, la marche triomphale de Garibaldi, la fuite des Bourbons de Naples, deux provinces romaines se donnèrent au royaume d'Italie. L'alliance des légitimistes et des cléricaux a été cimentée sur le champ de bataille de Castelfidardo. A l'intérieur, les mandements, les prédications furibondes, les collectes du denier de saint Pierre n'ont fait qu'en resserrer les liens. De quel droit M. Paradol voudrait-il séparer, dans l'intérêt d'une fusion impossible, ceux que le ciel a réunis? Entre M. Berryer et M. Thiers la fusion est-elle faite ou à faire? Nous l'ignorons. Mais entre les deux honorables représentants de la légitimité, de l'orléanisme et les républicains, elle révolte à ce point le bon sens que, pour prêter une apparence de vie à sa combinaison, M. Paradol a été réduit à les faire fusionner avec un mort, le général Cavaignac.

Des légitimistes aux républicains, depuis dix ans, le rapprochement n'a pas fait un pas. Les deux principes : le droit divin, au nom duquel les rois disposent des peuples comme d'une propriété héréditaire, le droit des nations de s'appartenir et de choisir leurs gouvernements sont encore debout tous les deux;

partout, depuis dix ans, ils se livrent, en Europe, une guerre acharnée ; les défenseurs du droit des nations triomphent dans les Principautés Danubiennes, en Italie, en Grèce ; captifs à Rome, ils luttent en Prusse, combattent en Pologne, et attendent en Orient le signal d'une immense levée de boucliers. De leur côté, le Pape et le Sultan, Alexandre II et Frédéric-Guillaume, la foule des rois chassés et des prétendants soutiennent le droit divin. L'antagonisme ne doit disparaître que le jour où l'un des deux principes cessera d'avoir des partisans : aussi avons-nous peine à croire qu'un homme de la valeur de M. Paradol ait pris son plan de fusion au sérieux. L'acte du 20 novembre n'a émancipé que la tribune ; et quand, après douze ans d'abstention, nous essayons de tenir une plume, il nous est facile de juger par nous-même de la gène imposée aux écrivains. Nous lisons dans Salluste : *Jam dudùm vera rerum nomina amisimus, eò Respublica in extremo sita;* ne serait-il pas vraisemblable de supposer que M. Paradol a employé le mot *fusion* pour coalition?

On comprend, en effet, que les opinions les plus contradictoires, quand elles ont accidentellement un but commun, se coalisent pour l'atteindre. Nous n'é-

prouvons aucun scrupule à cet égard, et lorsqu'en
1838, le comte Walewski nous avait admis à partag-
ger avec lui la direction du *Messager*, comme pair de
France et comme journaliste, nous avons pris part à
une première coalition. Son but était simple : renfer-
mer la prérogative royale dans ses limites constitu-
tionnelles, en remplaçant un ministère gouverné par
le roi par un ministère gouvernant au nom de la majorité parlementaire. Dans cette substitution de l'au-
torité de la chambre à celle du roi, l'opposition dy-
nastique et les partis extrêmes trouvaient également
leur compte ; personne ne devait être dupe et tout le
monde le fut. On sait comment, battu en apparence,
Louis-Philippe composa un premier ministère avec
les défectionnaires de la coalition ; comment, après
une seconde défaite, le trop habile monarque
équita (1) M. Thiers, qui, après avoir enterré la
réforme électorale, montré le poing à l'Angleterre
et décrété les fortifications, tombait du pouvoir,
compromis et dompté.

Au 10 décembre 1848, une seconde coalition s'est

(1) Voir comment le roi se vantait d'avoir *équité* Casimir
Perier : *Mémoires de M. Guizot*, tome II.

formée à laquelle les républicains n'ont, évidemment, pris aucune part. Légitimistes ou orléanistes, les grands politiques qui avaient cru « choisir une planche pour passer le ruisseau, » ont-ils eu beaucoup à se féliciter de leur manœuvre?

Le 26 novembre 1851, une troisième coalition a été tentée dans le sein de l'Assemblée Législative ; les deux factions légitimistes et orléanistes demandaient à la minorité républicaine de voter ensemble la célèbre proposition des questeurs qui mettait une force armée à leur disposition ; l'imminence du péril, l'avantage incontestable du projet, l'intelligence de la tactique parlementaire, la préoccupation du salut personnel, rien n'a pu vaincre l'antagonisme des principes ; nous n'approuvons pas, nous racontons.

Quel serait aujourd'hui le but d'une coalition?

On nous répond : —La liberté ; rien de plus libéral qu'un républicain, si ce n'est un orléaniste ou un légitimiste. Mais pourquoi conseiller la coalition de trois « *états-majors* » sans armée, si l'on n'avait l'espoir qu'aux prochaines élections le rappel serait entendu des démocrates.

Puisqu'en somme c'est toujours là qu'il faut en venir, qu'on nous pardonne d'aller au fond des choses, à nous démocrate, à qui le suffrage universel confère, cette année, un jour de puissance. Hélas ! nous vous connaissons, libéraux exclusifs : vous voulez la liberté, l'instruction, les droits politiques, mais vous les voulez pour vous seuls ; vous n'avez eu qu'une préoccupation tant que vous étiez au pouvoir : l'exclusion de la démocratie. Pour prendre la mesure de votre libéralisme, nous n'aurons qu'à vous demander ce que vous pensez du droit de réunion et d'association, de la gratuité de l'instruction primaire et, surtout, du suffrage universel. Dites-nous si, dans l'intimité, vous ne regardez pas ces libertés à conférer au peuple comme un danger social, la gratuité de l'instruction comme une ruineuse chimère, le suffrage universel comme le sacre de la dictature ? Eh bien, nous, démocrate, nous le voulons ce suffrage, parce qu'il est l'expression la plus fidèle du droit, et parce qu'il est le seul que nous possédions. Personne ne nous soupçonne d'avoir contribué au vote du 10 décembre ; mais parce que aujourd'hui les chemins de fer trans-

portent les troupes russes et prussiennes avec les-
quelles on tente d'étouffer l'insurrection polonaise,
faut-il désirer la destruction des chemins de fer? Le
suffrage universel logiquement organisé doit être
maintenu SANS RESTRICTION AUCUNE; car, vous le savez,
ceux qui essaient d'en priver une portion quelcon-
que de la nation, mettent une arme mortelle aux
mains de qui veut les supplanter. Il n'y a qu'une con-
dition essentielle pour qu'il soit sérieusement et loya-
lement pratiqué : LA GRATUITÉ DE L'INSTRUCTION PRIMAIRE
CONFÉRÉE A TOUS PAR DES INSTITUTEURS LAIQUES INDÉ-
PENDANTS. Sur l'évacuation de Rome, sur la liberté
de conscience et ses corollaires, la séparation de
l'Église et de l'État, la suppression du budget des
cultes, le libre exercice des religions non recon-
nues, nous ne nous entendrions pas davantage.
Citerez-vous la liberté de la presse? Les journaux
légitimistes applaudissaient quand Proudhon était
condamné à trois ans de prison et aussi quand le
cours de Renan était suspendu.

Mais soyons généreux, oublions hier, parlons
d'aujourd'hui : à la Chambre, cinq démocrates op-
posants avaient réclamé le relâchement des liens qui
enserrent les écrivains; lequel de vos amis a soutenu

leur amendement, et, cet amendement repoussé, quel a eu le facile courage de déposer une sixième boule noire contre l'adresse? — Ah! si du moins cette liberté spéciale, restreinte, chère au peuple et chère aux lettrés, devait être le bénéfice d'une coalition; si, grâce à elle, une majorité de candidats engagés par mandat impératif à poursuivre le couronnement de l'édifice devait sortir des urnes électorales; mais vous ne croyez pas plus que nous à un pareil résultat! Au lieu de cinq, une vingtaine de voix opposantes, sans cohésion, en dissidence sur presque tous les points; la nomination de quelques-uns des orateurs des anciens partis, voilà ce que vous nous proposez en échange de l'oubli de tous nos principes, voilà le prix de notre mésalliance.

Dans ce premier travail, nous avons voulu prémunir les démocrates découragés par l'existence éphémère d'une république venue avant terme, séduits par les semblants d'un faux libéralisme, poussés par le besoin d'action contre une coalition légitimiste, dans laquelle le moindre danger serait d'être dupes;

nous avons eu surtout en vue, en remontant à l'origine religieuse ou philosophique des convictions politiques, de signaler dans les cléricaux les adversaires les plus dangereux.

D'ALTON-SHÉE.

FIN.